Bilingual Edition
English/Spanish
Edición bilingüe

HOWLER MONKEYS
and Other Latin American Monkeys

MONOS AULLADORES
y otros monos de Latinoamérica

Zella Williams
Traducción al español: Ma. Pilar Obregón

PowerKiDS & **Editorial Buenas Letras**™
press.
New York

Published in 2010 by The Rosen Publishing Group, Inc.
29 East 21st Street, New York, NY 10010

First Edition

Editor: Joanne Randolph
Book Design: Kate Laczynski
Photo Researcher: Jessica Gerweck

Photo Credits: Cover, p. 1 © Morales/Age Fotostock; pp. 5, 9 © Theo Allofs/Corbis; p. 7 © Werner Forman/Art Resource, NY; p. 11 David Tipling/Getty Images; p. 13 Jim Doberman/Getty Images; p. 15 Gustav Verderber/Getty Images; pp. 17, 21 Shutterstock.com; p. 19 © ARCO/G Therin-Weise/ Age Fotostock.

Library of Congress Cataloging-in-Publication Data

Williams, Zella.
  Howler monkeys and other Latin American monkeys = Monos aulladores y otros monos de Latinoamérica / Zella Williams. — 1st ed.
      p. cm. — (Animals of Latin America = Animales de Latinoamérica)
  Includes index.
  ISBN 978-1-4042-8127-1 (library binding) — ISBN 978-1-4358-3384-5 (pbk.) —
ISBN 978-1-4358-3385-2 (6-pack)
  1. Howler monkeys—Latin America—Juvenile literature. 2. Monkeys—Latin America—Juvenile literature.
I. Title. II. Title: Monos aulladores y otros monos de Latinoamérica.
  QL737.P915.W55 2010
  599.8'55—dc22
                                        2009006286

Manufactured in the United States of America

Contents

Contenido

You will hear howler monkeys long before you see them. Howler monkeys are loud! They are also the largest monkeys in the Americas. Howler monkeys have long fur and beards. Their fur can be black, red, yellow, or brown. Because of their size, howler monkeys are hunted in many areas of Latin America for their meat.

Los monos aulladores son tan ruidosos que antes de verlos seguramente los escucharás. Además, los monos aulladores son los más grandes del continente americano. Estos monos tienen mucho pelaje y barbas largas, y pueden ser de color negro, rojo, amarillo o marrón. Debido a su tamaño, en muchas partes de Latinoamérica, los monos aulladores son atrapados para vender su carne.

4

This black howler monkey calls out from the treetops of a forest in Brazil. Howler monkeys can grow to be up to 3 feet (1 m) tall.

Este mono aullador negro hace su llamado desde la copa de los árboles de una selva en Brasil. Los monos aulladores crecen hasta 3 pies (1 m) de altura.

5

Howler monkeys have long played a part in Latin American ways of life. The Mayan people thought of howlers as gods of the arts, especially music, writing, and **sculpture**. The old Mayan city Copán, in western Honduras, is well known for its sculpture of a howler monkey sitting and writing in the House of Scribes.

Los monos aulladores han sido importantes en la vida de Latinoamérica por mucho tiempo. Los mayas consideraban a los aulladores como dioses del arte, especialmente de la música, la literatura y la **escultura**. En la antigua ciudad maya de Copán, en Honduras, hay una famosa escultura de un mono aullador sentado y escribiendo en la Escalinata de los Jeroglíficos. Los jeroglíficos son un sistema de escritura utilizado en la antigüedad para comunicarse.

This Mayan bowl has a monkey on it. Monkeys, such as howler monkeys and spider monkeys, played a big part in many Mayan stories and beliefs.

Este tazón Maya muestra un mono. Los monos, como los monos aulladores y los monos araña, fueron muy importantes en muchas narraciones y creencias mayas.

Troops of howler monkeys live throughout Latin America's rain forests. There are many kinds of howler monkeys. Red howler monkeys are the most common. There are also black howlers, mantled howlers, red-handed howlers, and many others. All of them live in groups of 10 or more monkeys.

Los monos aulladores viven en tropas en las selvas tropicales de Latinoamérica. Existen muchos tipos de monos aulladores. Los aulladores de color rojo son los más comunes, pero también hay aulladores negros, aulladores de manto y de mano roja. Todos estos monos viven en grupos de unos 10 monos.

Here a baby black howler monkey holds on to its mother's back. Male black howler monkeys have black fur, but females and babies have brown fur.

Aquí vemos a un mono aullador bebé trepado en la espalda de su mamá. Aunque los aulladores negros machos tienen pelaje de color negro, las hembras y sus crías lo tienen de color marrón.

Howler monkeys are the loudest land animals in the world. The sounds they make can be heard up to 3 miles (5 km) away. They use their calls to keep other howler troops away. They need to do this to guard their food supply. Too many howlers in one place would mean a lot of hungry monkeys!

Los monos aulladores son los animales más ruidosos del mundo. Sus aullidos pueden escucharse a tres millas (5 km) de distancia. Con estos aullidos mantienen a otras tropas de monos a distancia para cuidar su comida. ¡Si todos los monos aulladores se reunieran en el mismo lugar, no habría comida suficiente para tantos comilones!

A howler monkey howl sounds like a low roar. The only animal louder than the howler monkey is the blue whale.

El aullido de los monos aulladores suena como un rugido. El único animal que es hace un ruido màs fuerte es la ballena azul.

Howler monkeys eat mainly leaves but will also eat fruit and flowers. They spend most of their time in the treetops looking for new leaves. These leaves have the most **nutrients** for the monkeys. Howler monkeys' **jaws** are the perfect shape for chewing tough leaves. This special jaw shape is also what lets them make such loud calls.

Los monos aulladores pasan mucho tiempo en la copa de los árboles buscando hojar para comer. Los aulladores también comen frutas y flores, pero las hojas tienen la mayoría de los **nutrientes** que necesitan los monos. La **mandíbula** de los aulladores tiene la forma perfecta para masticar hojas. Además, esta mandíbula de forma especial es la que les permite hacer su característico aullido.

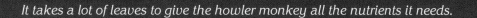

It takes a lot of leaves to give the howler monkey all the nutrients it needs.

Los monos aulladores necesitan comer muchas hojas para obtener todos los nutrientes que necesitan.

13

Howler monkeys, like all monkeys in the Americas, have a special tail, too. It is called a **prehensile** tail. Prehensile tails are able to bend and hold things. This is a very useful tool when you spend most of your time in the trees. The tail can be used to hold on to branches. Monkeys can also grab food with it.

Como todos los monos de Latinoamérica, los aulladores tienen una cola especial. Se llama cola **prensil**. Las colas prensiles pueden sujetar cosas. Esto es muy útil para los monos que pasan la mayoría del tiempo en los árboles. Con la cola se cuelgan de las ramas y agarran su comida.

This howler monkey holds on to a branch as it hangs upside down eating leaves. A howler monkey's tail can be as long as its body.

Este mono aullador se sujeta de una rama para comer hojas. La cola de los monos aulladores son tan largas como su cuerpo.

The common woolly monkey lives in some of the same forests as the howler monkey. It lives in northern South America, in Colombia, Ecuador, Peru, Bolivia, and Brazil. The common woolly monkey has thick fur that can be brown, black, gray, or olive. These monkeys eat mostly fruit, but they also eat leaves, seeds, and even **insects**.

Los monos lanudos comunes viven en las mismas selvas que los monos aulladores. Los lanudos viven en el norte de Sudamérica, en Colombia, Ecuador, Perú, Bolivia y Brasil. Los monos lanudos tienen un pelaje espeso que puede ser de color marrón, negro, gris o verde oliva. Estos monos lanudos comen principalmente frutas, semillas e **insectos**.

The common woolly monkey can be up to 2 feet (60 cm) tall. It almost never leaves the trees.

Los monos lanudos comunes pueden tener hasta 2 pies (60 cm) de tamaño. Estos monos casi nunca se alejan de los árboles.

17

The common woolly is important to the people who live near the monkey. Common woolly monkeys are hunted for meat or to be sold as pets. In Brazilian Amazonia, the skins of the common woolly are hung on walls. They are also used to make a kind of drum, called a *cuica*, which is used to **mimic** jaguar calls.

Los lanudos comunes son importantes para la gente que vive cerca de ellos. La carne de los lanudos es muy apreciada en algunos lugares de Latinoamérica. Además, son populares como mascotas. En la selva amazónica de Brasil se usan las pieles de los monos lanudos para colgarlas en las paredes o para hacer un tipo de tambor, llamado cuica. Este tambor se usa para **imitar** las llamadas de los jaguares.

Here a woolly monkey mother carries her baby on her back. Woolly monkeys are closely related to spider monkeys and howler monkeys.

Este mono lanudo carga a un bebé en la espalda. Los monos lanudos están relacionados con los monos araña y los monos aulladores.

Tamarins also make their homes in many Latin American forests. These small monkeys eat mainly insects, ripe fruit, and matter that comes from plants, such as sap. They also eat small animals, spiders, and bird eggs. Because of their small size, these monkeys are food for birds, snakes, jaguars, and other animals.

Los tamarinos también viven en las selvas de Latinoamérica. Estos pequeños monos comen insectos, frutas y partes de las plantas, como la savia. Además comen animales pequeños, arañas y huevos de ave. Debido a su pequeño tamaño, los tamarindos son alimento para algunas aves, víboras, jaguares y otros animales.

The cotton-top tamarin lives in northwest Colombia. This small monkey is known for the white fur on its head.

El tamarino algodonoso vive en el noroeste de Colombia. Este pequeño mono es famoso por el mechón blanco que tiene en la cabeza.

21

Howler monkeys, common woolly monkeys, and tamarins are just a few of the monkeys that live in Latin America. There are night monkeys, sakis, uakaris, spider monkeys, and so many more. Hunting and loss of their homes have caused a huge drop in monkey **populations**, though. We all need to do what we can to keep these monkeys safe.

Los monos aulladores, los lanudos y los tamarinos son solo algunos de los monos que viven en Latinoamérica. Además hay monos como los micos nocturnos, sakíes cariblancos, cacajaos, monos araña y muchos más. Pero la cacería y la pérdida de sus hogares han causado una reducción en su **población**. Todos debemos hacer todo lo posible para mantener a estos monos seguros.

insects (IN-sekts) Small animals that often have six legs and wings.

jaws (JAHZ) Bones in the top and bottom of the mouth.

mimic (MIH-mik) To copy something else closely.

nutrients (NOO-tree-unts) Food that a living thing needs to live and grow.

populations (pop-yoo-LAY-shunz) Groups of animals or people living in the same areas.

prehensile (pree-HEN-sul) Can catch and hold by wrapping around.

sculpture (SKULP-cher) The art of shaping and forming figures.

escultura (la) El arte de representar objetos o crear figuras.

insectos (los) Animales pequeños que suelen tener alas y seis patas.

imitar Copiar a algo o a alguien.

mandíbula (la) Los huesos en la parte superior e inferior de la boca.

nutrientes (los) Comida que necesitan los seres vivos para vivir bien.

población (la) Grupos de animales o personas que viven en la misma zona.

prensil Que sirve para agarrar o sujetar.

Index

C
common woolly
    monkey(s), 16,
        18, 22

F
fur, 4, 16

I
insects, 16, 20

J
jaws, 12

M
Mayan people, 6
meat, 4, 18

N
nutrients, 12

P
populations, 22

S
sculpture, 6
size, 4, 20

T
tail(s), 14
tamarin(s), 20, 22
troops, 8, 10

W
writing, 6

Índice

C
carne, 4, 18
cola(s), 14

E
escribir, 6

I
insectos, 16, 20

M
mandíbula(s), 12
mayas, 6
mono lanudo común,
        16, 18, 22

N
nutrientes, 12

P
pelaje, 4, 16
poblaciones, 22

S
escultura, 6

T
tamaño, 4, 20
tamarino(s), 20, 22
tropas, 8, 10

Web Sites / Páginas de Internet

Due to the changing nature of Internet links, PowerKids Press and Editorial Buenas Letras have developed an online list of Web sites related to the subject of this book. This site is updated regularly. Please use this link to access the list:
www.powerkidslinks.com/anla/monkey/